Karen Heitmann

Und das Leben kann leichter gehen

Begegnung mit Paul
Spiritueller Wegweiser für mehr Leichtigkeit

Karen Heitmann

Und das Leben kann leichter gehen

Begegnung mit Paul

Spiritueller Wegweiser für mehr Leichtigkeit

DIE AUTORIN

Karen Heitmann, Jahrgang 1973, ist seit 2001 Heilpraktikerin. Zuvor arbeitete sie 13 Jahre lang als Medizinisch-technische Assistentin in Radiologischen Arztpraxen. 2005 eröffnete die gebürtige Rüganerin ihre eigene Praxis für Systemische Naturheilkunde in Rostock. Sie verfügt über Fachqualifikationen für Homöopathie, Wirbelsäulentherapie nach Dorn, Akupunktur, Klangschalentherapie, Ernährungs- und Lebensberatung sowie Bioresonanz nach Paul Schmidt. Karen Heitmann ist verheiratet und Mutter eines Kindes.

Die besondere Begegnung mit ihrem Patienten Paul veranlasste sie, ihre Erlebnisse und Erkenntnisse niederzuschreiben und andere daran teilhaben zu lassen. Ihrem sehr persönlichen Erfahrungsbericht schließt sich ein Spiritueller Wegweiser für mehr Leichtigkeit an. Und das Leben kann leichter gehen ist das Erstlingswerk der engagierten Heilpraktikerin.

Entscheide dich, dein Licht zu sehen!
„Jeder sollte in Liebe und mit Liebe gehen. Der Tod kann uns die wahre Liebe lehren. Einen Menschen werden wir dann am meisten lieben, wenn wir ihm erlauben können, dorthin zu gehen, wo es ihn hinzieht. Nach dem Tod gehen wir dorthin, wo wir schon immer waren, wo wir sind, was wir sind.

Diese spirituelle Begleitung mit Paul hat mich dazu gebracht, mich nicht zu sehr mit meinem Körper zu identifizieren. Ich wurde mir bewusst, dass ein jeder Körper einer Ursache – Wirkung – Verkettung unterliegt, aber die absolute Wirklichkeit in anderen Dimensionen unseres Seins verborgen ist."

INHALT

Prolog

I   Begegnung mit Paul

II Spiritueller Wegweiser
    für mehr Leichtigkeit

Ein Platz
in euren Herzen
ist alles, was ich mir je
gewünscht habe.
Paul

DANKE

*Pauls Familie danke ich für diese Begegnung.
Bei meiner Familie und meinen Freunden bedanke ich mich für ihre Unterstützung.*

PROLOG

Ein Jahr ist vergangen seit Pauls Tod und es kommt mir vor, als hätten wir uns letzte Woche erst noch gesehen. Ich werde heute zum Friedhof gehen, denn seit Pauls Beerdigung bin ich nicht mehr dort gewesen. Ehrlich, ich habe eine Weile darüber nachgedacht, ob ich hingehe, denn ein Grab hat für mich nicht mehr viel mit der Person selbst zu tun. Ich glaube an die unsterbliche Seele in jedem. In jedem Menschen liegen der spirituelle Kern und die intuitive Gewissheit: Der Tod ist nicht das Ende, sondern die Rückkehr zu unserem wahren Zuhause. Doch an bestimmten Tagen gibt es Orte, an denen man sich den lieben Verstorbenen einfach näher fühlt.

Es ist Freitag, und ich habe mir den Vormittag freigenommen. Als ich auf dem Friedhof ankomme, weiß ich den Weg zu Pauls Grab nicht mehr. Erst einmal auf dem Hauptweg bleiben und dann rechts, denke ich mir. Das habe ich noch im Gedächtnis, doch es gibt viele kleine Wege, die rechts abgehen, und alle

sehen irgendwie gleich aus. Ich nehme einfach den nächsten Weg, der jetzt kommt. Da fällt mir ein Backsteingebäude auf, an das ich mich erinnere. Gut, also gar nicht so verkehrt, denke ich und gehe weiter. Dann erkenne ich den Brunnen wieder und ich weiß: Ich bin da.

Erleichtert, den Weg doch so schnell gefunden zu haben, lege ich meine Blumen auf Pauls Grab. In Gedanken versunken, nehme ich eine Bewegung neben mir wahr. Langsam drehe ich meinen Kopf zur Seite. Unbeirrt kommt ein großer Wildhase auf mich zu. Wie festgewurzelt bleibe ich stehen und halte den Atem an. Etwa fünf Meter vor mir bemerkt er mich und hält an. Gebannt schauen wir uns in die Augen. Ein plötzliches Geräusch – und er läuft auf und davon. Ich verspüre ein beglückendes Gefühl und lächele tief in mich hinein. Das ist kein Zufall, denke ich. Der Hase ist eine Botschaft.

Danke, Paul!, schießt mir sofort durch den Kopf. Nach einigen tiefen Atemzügen beschließe ich, wieder zurückzugehen. Ich wähle die Hauptwege.

Auf einmal höre ich ein lautes Pochen und schaue nach oben. Da sehe ich einen Buntspecht, der frohen Mutes seinen Schnabel in den Stamm eines hohlen Baumes hämmert. Ich halte inne und schaue ihm einige Sekunden zu. Er verkörpert Stärke und Ausdauer. Als wolle er sagen: Das Leben soll kommen, ich werde es schaffen!

Wiederum bin ich mit Dankbarkeit und Freude erfüllt. Doch aller guten Dinge sind drei.

Zurück auf dem Weg sitzt direkt vor mir ein Eichhörnchen. Alles klar, denke ich: noch eine Botschaft. Erst wenn man seinen Blick für die Natur und die Dinge um sich herum öffnet, kann man die viele Zeichen erkennen. Was für wundervolle Begegnungen, voller Freude und mit tiefer Dankbarkeit verlasse ich den Friedhof.

Zu Hause angekommen, wollte ich natürlich gleich wissen, was diese Tierbotschaften bedeuteten:

Der Hase oder das Kaninchen steht für Wachsamkeit und Kreativität. Es sagt: Widme dich den Projekten, die du schon immer im Sinn hattest oder jenen, die du angefangen, aber nie fertiggestellt hast.

Trau dich! Der Buntspecht ist ein Herzenstier. Er lädt dich ein, dem Pfad des Herzens zu folgen. Das Eichhörnchen ist das

Krafttier der Seele und steht fürs Sammeln und die Vorbereitung, für Himmel und Erde, für Innen und Außen sowie für Veränderung.

Ich konnte mit diesen Botschaften viel verbinden. Schon seit ein paar Wochen schrieb ich meine Erlebnisse mit Paul in kurzen Abschnitten auf. Aber nun war mir klar, was ich zu tun hatte: „Ich schreibe ein Buch."

I Begegnung mit Paul

Ich bin Heilpraktikerin und habe seit zehn Jahren eine eigene Praxis für Naturheilkunde. Ich beachte bei meiner Arbeit immer die Gesamtheit eines Menschen; seine Lebenssituation und sein allgemeines Wohlbefinden geben dabei wichtige Hinweise. Im Erkennen, Verstehen und Verändern von Lebensprozessen liegt die Verbesserung seines Gesundheitszustands. Auf dem Weg der Selbsterkenntnis und Selbstbewusstheit begleite und unterstützte ich meine Patienten.

Über diesen Weg hat das Schicksal Paul und mich zusammengefügt, genau genommen über Pauls Tante. Sie ist Patientin in meiner Praxis. In unseren Gesprächen meinte sie des Öfteren, dass auch Paul solche Gespräche helfen könnten. Vertrauensvoll erzählte sie mir vom schlechten Gesundheitszustand ihres Neffen. Die gesamte Familie wünschte sich nichts sehnlicher, als dass Paul bald wieder gesund werden würde. Paul hatte ALS und war erst 25 Jahre jung.

So kam es, dass Pauls Tante mich eines Sonntags sehr aufgebracht zu Hause anrief. Sie sagte: „Paul geht es sehr schlecht", und fragte mich: „Kann dich meine Schwester Ines heute noch zurückrufen? Sie macht sich Sorgen um Paul." Kurz darauf telefonierten wir. Sie erzählte mir, wie sehr Pauls Körper durch die Krankheit schon abgebaut hatte. Die gesamte Muskulatur seines Körpers war betroffen und somit gelähmt.

Bei ALS (Amyotrophe Lateralsklerose) ist jegliche willkürliche Muskulatur betroffen. Körperliche Abläufe können nicht mehr willentlich gesteuert werden. Paul war nicht einmal mehr das eigenständige Augenschließen möglich. Aber das Schlimmste dabei ist: Alles geschieht bei völlig klarem Denken und Bewusstsein – ohne Lachen, ohne Weinen, ohne Sprechen. ALS ist bisher nicht heilbar.

Da es Paul körperlich immer schlechter ging, ließ so langsam auch seine mentale Stärke nach. Aus diesem Grund wollte Pauls Mutter, Ines, unbedingt etwas Gutes für ihren Sohn tun. Sie kannte durch ihre Schwester meine Klangschalentherapie. So stimmten wir zur Entspannung für

Paul einen Termin bei ihnen zu Hause ab. Zwei Tage später war es soweit. Ines begrüßte mich und wir setzten uns zusammen. Da Paul durch seine Erkrankung nicht mehr sprechen konnte, gab sie mir vorab wichtige Informationen und Hinweise über sein körperliches und mentales Befinden sowie über seine derzeitigen Therapien und Medikamente. Wir erzählten fast eine Stunde lang und Ines meinte: „Es ist gut, wenn wir nun zu Paul rübergehen. Ich denke, er wartet schon ganz gespannt auf uns."

Ich nahm meine Klangschalen, und wir gingen zu Paul. Mit einem Klopfen an der Tür fragte Ines: „Können wir reinkommen?", und Pauls Pfleger ließ uns herein. Paul lag in seinem Bett. Es stand gegenüber von der Tür, und ich konnte ihn gleich sehen. Zur Begrüßung schaute ich Paul in die Augen und legte dabei meine Hand auf seine Hand. Ich war schon recht aufgeregt, doch der erste Blick in Pauls Augen sagte mir: „Hier bist du richtig."
Ich setzte mich auf einem Stuhl zu Paul ans Bett. Die Klangschalen nutzten wir an diesem Tag gar nicht, denn wir unterhielten uns nur, jedoch nicht wie gewöhnlich, sondern mit Hilfe einer Spracherkennung. Paul konnte zu diesem

Zeitpunkt noch mit der Bewegung seiner Pupille eine computergestützte Tastatur bedienen. Mittels einer kleinen Kamera wurde jede Bewegung seines Auges registriert, und auf einem Bildschirm las ich seine Worte mit.

Paul begann mir von seiner Kindheit zu berichten, die ihn sehr geprägt hatte. Er erzählte, dass er gerade sehr glücklich darüber war, wieder Kontakt zu seinem leiblichen Vater zu haben. Sie hatten sich lange nicht gesehen, und Paul vermisste ihn so manches Mal sehr, denn auch sein Vater war – wie er – mit Musik sehr verbunden.
Als ich mich genauer in Pauls Zimmer umsah, konnte ich ganz klar die Leidenschaft eines begeisterten Gitarristen erkennen. Überall waren Instrumente, seine E-Gitarre, Computer; eben alles, was man so braucht, um gute Musik zu produzieren. Paul schrieb mir, dass er bis vor kurzem noch selbst, mit Hilfe seiner computergestützten Augensteuerung, Texte und Lieder komponiert hatte. Aber seit ein paar Wochen fiel ihm auch dies immer schwerer. Doch Paul wollte nicht aufgeben und auf jeden Fall dranbleiben. Er hatte den festen Glauben und Willen, wieder gesund zu werden.

Bei diesem ersten Treffen tauschten wir unsere Gedanken aus und lernten uns besser kennen. Wir teilten die gleichen weltlichen Ansichten und behielten, manchmal auch bei aller Schwere, unser Fünkchen Humor. Von nun an fuhr ich einmal pro Woche zu Paul. Am Termintag entschieden wir dann, was besser war: Entspannung mit Klangschalen oder einfach nur reden.

Von Mitte Oktober bis in den Dezember hinein bauten wir die Hoffnung auf Besserung aus. Wenn es Paul mal nicht so gut ging oder er die Nacht zuvor unruhig geschlafen hatte, bekam er seine entspannende Klangschalenbehandlung. Es gab zwischendurch auch Tage, an denen Pauls körperliche Verfassung uns einen Strich durch die Rechnung machte und wir den Termin deshalb abbrechen mussten. Aber umso intensiver nutzten wir die guten Tage für unsere Gespräche, und nicht selten bewegten wir dabei schwere Themen. Unter anderem, wie befreiend es sein kann, sich selbst und anderen zu vergeben. Das ist Arbeit im Kopf und im Herzen, aber Paul war bereit dafür. Er wollte in seinem Leben aufräumen, und Gespräche über den Tod gehörten dazu. Paul hatte seine eigene Meinung über Gott und die Welt, und sie glich nicht der Kirche. Er sagte: „Ich glaube an Gott und an das Gute in jedem. Jeder hat seine Aufgabe im Leben und seine Fähigkeiten, wichtig ist dabei, es von Herzen zu tun." Diese bedingungslose Liebe und Fürsorge bekam Paul von seiner Mutter und seiner Familie.

Paul war ein starker Kämpfer. Doch langsam fing das Blatt an, sich zu drehen. Das neue Jahr hatte begonnen und die Krankheit machte sich stärker in Pauls Augen bemerkbar. Häufig waren sie durch eine Bindehautentzündung so sehr gereizt, dass er sie nicht mehr zum Lesen oder Schreiben, geschweige denn Fernsehen, nutzen konnte. Ständig tränten sie und ein trüber Schleier umgab die Pupille. Jeder in seiner Nähe konnte Pauls Traurigkeit darüber spüren. Eine Wende schien nur noch durch eine Augen-OP möglich. Doch nach dem Arztgespräch entschieden Paul und seine Mutter, die Augen nicht operieren zulassen, denn eine Chance zur wirklichen Verbesserung gab es nicht.
Paul lag nun Tag und Nacht in seinem Bett und konnte weder richtig schlafen noch sich über die Spracherkennung mitteilen. Aus dieser ausweglosen Situation heraus erarbei-

teten die Eltern mit Paul zusammen in hinwendungsvoller Kleinarbeit eine neue Art der Verständigung. Dabei fragten sie Paul jeden einzelnen Buchstaben ab und Paul rollte mit seinen Augen für ein Ja nach oben und für ein Nein zur Seite. Nur noch über seine Augen konnte sich Paul verständlich machen.

Es ist kaum vorstellbar, bei klarem Bewusstsein zu sein, aber den eigenen Körper nicht mehr zu beherrschen. Er wird zu einem Gefängnis, aus dem man nicht entweichen kann. Immer häufiger plagten Paul nachts Erstickungsängste. Was wäre, wenn das Beatmungsgerät in der Nacht ausfällt? Er konnte sich ja nicht mehr bemerkbar machen. Die Stimmung kippte allmählich über in Angst und Hoffnungslosigkeit.

Bei meinem nächsten Besuch kam der Pfleger gleich auf mich zu und meinte: „Paul möchte heute mit dir über das Loslassen reden." Ich musste kurz schlucken, aber damit war klar, welche Gedanken Paul beschäftigten.

Schon als ich in sein Zimmer kam, waren die Vorhänge verschlossen und die Musik, die im Hintergrund lief, war meinem Geschmack nach etwas zu düster. Nachdem ich

Paul begrüßt hatte, sagte ich: „Bitte, lasst wieder mehr Lebensenergie in den Raum herein." Mir war dabei schon klar, dass Paul das grelle Licht in seinen Augen nicht vertragen konnte. Aber deshalb komplett alles zu verschließen? Nein! Paul gab sein okay, und der Pfleger öffnete die Vorhänge soweit es ging und wir suchten gemeinsam eine andere CD aus Pauls Sammlung heraus. Erleichtert mit einem tiefen Atemzug sagte ich: „Schon viel besser so."

Um neue Hoffnung zu geben, erzählte ich Paul von der Bioresonanztherapie. Sie bietet die Möglichkeit, die Symptome der Augen zu lindern und kann zusätzlich positive Wirkung auf den gesamten Körper haben. Doch Paul lehnte ab. Er wollte nichts mehr ausprobieren. Bei meinen weiteren Versuchen, ihn zu motivieren, blieb Paul dabei. „Nein!" Wir ließen den Nachmittag entspannt mit den Klangschalen ausklingen.

Beim Verabschieden beugte ich mich zu Pauls Ohr und sagte ihm: „Es ist noch nicht so weit loszulassen. Gib bitte noch nicht auf." Ich schaute ihm in die Augen und erblickte darin seine tiefe Traurigkeit. Ich bekam ein mulmiges Gefühl im Bauch, und am liebsten wäre ich überhaupt nicht gegangen.

Am Abend telefonierte ich von zu Hause aus mit Pauls Mutter. Sie meinte, dass Paul sich verändert hätte und befürchtete, dass er so nicht mehr weiterleben wolle, und er gedanklich dabei wäre, mit seinem Leben abzuschließen. Doch das wollte zu diesem Zeitpunkt keiner von uns zulassen.

Draußen wurde langsam Frühling. Die Sonne hatte schon deutlich mehr Kraft, und die ersten Knospen zeigten sich am Hibiskus. Die Erde erwachte erneut aus dem Winterschlaf und brachte die ersten Frühblüher zum Vorschein. Meine Gedanken kreisten an diesem Wochenende um Paul und Ines. Doch wie man so schön sagt: „Es gibt keine Zufälle." Genau an diesem Wochenende war bei mir zu Hause ein großer Umbau geplant. Aus dem Vorgarten machten wir eine festbefahrbare Einfahrt. Dafür nahmen mein Mann und ich alle Pflanzen von dort heraus und setzten sie hinten im Garten wieder ein. Das erforderte ganzen Körpereinsatz. Aber damit nicht genug: Im Anschluss schaufelten wir die gesamte Fläche für ein Kiesbett aus. Ich war wirklich gut abgelenkt, und am Abend fiel ich total erschöpft und müde ins Bett.

Am darauffolgenden Dienstag hatte Pauls Cousine Maria bei mir in der Praxis einen Termin. Es war ihr anzusehen, dass irgendetwas nicht stimmte. Unter Tränen erzählte sie: „Paul will sterben, ich kann das nicht verstehen, er ist doch noch viel zu jung." Sie war sehr aufgeregt und zitterte dabei am ganzen Körper. Ich wusste aus früheren Gesprächen, dass sie und Paul sich sehr nahestanden. Sie sind wie Geschwister aufgewachsen. Ich fragte: „Was ist denn geschehen?", und Maria erzählte weiter.

Paul hatte seiner Mutter in den vergangenen Tagen immer wieder vermittelt, dass er nicht mehr so weiterleben will. Er bat sie, mit den behandelnden Ärzten zu sprechen, ob es jetzt eine Möglichkeit zum Sterben gäbe. Was seine Mutter Ines zwar mit bedrücktem Herzen, aber um ihren Sohn aus dem Leiden zu befreien, dann tat. Hinter ihnen lag eine lange Zeit des bitteren Kämpfens. Nachdem Marias Tränen getrocknet waren, verabredeten wir uns am Mittwoch bei Paul zu Hause. Gemeinsam ist es oft leichter, den Schmerz und die Traurigkeit zu verarbeiten – und loszulassen.

Am späten Nachmittag hatte ich endlich Zeit für eine Meditation. Es ließ mich nicht mehr los. Ich wollte es wissen.

Wie steht es wirklich um Pauls Seele? Ist es tatsächlich sein Wille zu sterben? Wer schon mal eine Meditation gemacht hat, weiß, wovon ich rede. Während der Meditation ist das Bewusstsein völlig klar. Es ist kein Trancezustand. Alles aus der Umgebung wird wahrgenommen und nur für diesen Moment kurz ausgeblendet. Im meditativen Zustand befindet man sich auf der Seelenebene. Dabei weiß die Seele, dass sie frei ist und dass der menschliche Körper ihr Haus auf Erden ist.

Ich bin kein Meditationsmeister, aber ich war an diesem Tag, im Vergleich zu meinen vorherigen Meditationen, schneller und tiefer in einen meditativen Zustand gelangt. Dabei stand ich neben Pauls Seele auf einem Berg und blickte in ein weites, hell erleuchtetes Tal. Es hatte kein offensichtliches Ende, nur der farbige Nebel grenzte das Tal scheinbar ein. Mich umhüllte ein Gefühl von Wärme und Geborgenheit, von Freiheit und Leichtigkeit. Paul zeigte mir seine Sehnsucht nach genau dieser leichten weiten Welt. Er wollte endlich die Schwere des Körpers und des Lebens loslassen. Ich verstand: „Es geht weiter, es endet nicht." Die Seele geht nur auf die andere Seite, aber die Schwere des Körpers lässt sie zurück. Für mich gab es nun keinen Grund mehr, Paul aufzuhalten. Ich hatte gesehen und mitgefühlt.

Von Ines erfuhr ich am nächsten Tag, dass in Absprache mit den Ärzten ein Therapieende für Paul möglich war; begründet damit, dass Paul schon eine geraume Zeit künstlich beatmet wurde und nur dadurch noch am Leben war. Da sich Pauls Gesundheitszustand zusehends verschlechterte, gaben die Ärzte ihre Zustimmung.

Ines erzählte mir, dass Paul im Krankenhaus versterben möchte und erklärte mir den Ablauf: Zuerst wird Paul unter ärztlicher Beobachtung in eine tiefe Narkose versetzt, und wenn er dann tief und fest schläft, wird das Beatmungsgerät abgestellt.

Doch womit ich überhaupt nicht gerechnet hatte, war die Bitte, die Ines an mich stellte: „Paul möchte gerne, dass wir beide bis zum Schluss bei ihm bleiben. Er will uns Zwei in diesen Stunden zur Unterstützung an seiner Seite haben." Sie sagte: „Lass dir ruhig Zeit, du brauchst nicht sofort eine Antwort geben. Es ist eine besondere Situation und für uns alle richtig schwierig."

Ich brauchte keine Zeit zum Überlegen. Für mich gab es darauf nur eine Antwort: „Ja!" Zugleich war mir bewusst, dass diese neue Herausforderung und die damit verbundene Verantwortung nicht so einfach waren, doch wollte ich mich darauf einlassen. „Es gibt keine Zufälle und alles hat einen Sinn", dachte ich mir, „man bekommt nur die Aufgaben gestellt, die man auch lösen kann." Dies ist eins meiner Lebensprinzipien und ermöglicht Wachstum.

„Ich freue mich sehr über deine Entscheidung", sagte Ines erleichtert, „komm wir gehen zu Paul rüber und sagen es ihm gleich." Ich begrüßte Paul mit einem nickenden Lächeln, um ihm sofort zu signalisieren, dass ich ihn begleiten werde. Paul hatte nicht mehr viel Mimik, aber seine Freude war sichtbar.

Daraufhin setzte ich mich an Pauls Bett, nahm seine Hand und sprach zu ihm: „Paul, ich danke dir für dein Vertrauen. Es ist ein riesiges Geschenk für mich und zugleich eine große Herausforderung, das muss ich zugeben. Doch du sollst wissen, ich will für dich da sein." Dann holte ich meine Handtasche. In einem kleinen Stoffsäckchen verpackt, übergab ich Paul einen Schutzengel aus Bergkristall mit den Worten: „Das ist ein Geschenk von mir, es soll dir Kraft und Ruhe geben." Ines nahm es für Paul dankend an und legte ihm den Engel in seine Handfläche. Es klopfte und Maria kam dazu.

So ganz unter uns, erzählte ich von meiner Meditation, in der Paul mir seine Sehnsucht nach Leichtigkeit und Ruhe gezeigt hatte, und ich sagte zu ihm: „Es ist in Ordnung, du darfst gehen. Ich lasse dich los, ich habe verstanden." Immer wieder flossen Tränen, doch Maria konnte sich jetzt ein Bild machen und Pauls Entscheidung besser verstehen.

In den folgenden Tagen gab es noch einiges für die Familie zu organisieren. Paul wollte sich von vielen Menschen persönlich verabschieden, von Freunden und Bekannten, die ihm im Leben wichtig gewesen waren. Pauls Eltern waren stets an seiner Seite und schrieben unermüdlich mit viel Fleiß und Geduld all seine Wünsche auf.

Paul hatte genaue Vorstellungen von seiner Beerdigung, von der Auswahl der Blumen, über die Musik bis hin zu den Dingen, die er im Sarg bei sich haben wollte.

Abermals wollte ich wissen, wie es um Pauls wahren Seelenzustand stand. War es immer noch sein Seelenwunsch die Erde zu verlassen? Ich meditierte. Ich fand mich in Pauls Zimmer wieder, hielt inne und traute meinen

Augen kaum. Direkt über Pauls Kopf sah ich eine leuchtend grüne Erscheinung und mir schoss der Gedanke ein: „Das ist sein Schutzengel!" Ich fragte: „Warum bist du hier, und warum zeigst du dich jetzt erst?" Blitzschnell gab mir der Schutzengel zu verstehen: „Ich bin da, um Paul bei seinem Übergang zu helfen. Das ist meine Aufgabe. Dafür musste ich meine Eigenschwingung vermindern. Ich habe mich nun auf die Erdfrequenzen eingeschwungen." Das war der Grund, warum ich ihn in diesem Augenblick überhaupt wahrnehmen konnte. Für mich war das neu, aber auch einleuchtend.

So langsam begriff ich, in welchen Prozess ich hineinschauen konnte. In meiner Meditation veränderte sich jeden Tag etwas. Ich beobachtete, wie der Schutzengel immer näher in Pauls Energiefeld kam. Mittlerweile lag Pauls Kopf bereits im Schoß seines Engels, so als würde eine Mutter ihr Kind behütet im Arm halten. Ich vernahm Gesänge und weitere himmlische Helfer und Begleiter um Paul herum. Sie waren unermüdlich und emsig bei ihrer Arbeit, ohne jemals die Ruhe zu verlieren und alles hatte eine Ordnung. Sie hielten eine Art Zeremonie ab und bereiteten eine besondere Feier oder einen Empfang vor. Mein Gefühl sagte mir: „Das ist alles für Paul." Pauls Aura verkleinerte sich langsam und zog sich immer enger um seinen Körper zusammen. Doch bei seinen Füßen war nur grau zu sehen, Pauls Energiefeld schien dort offen zu sein, als würde die Energie an dieser Stelle abfließen – ähnlich wie bei einem Luftballon, aus dem man die Luft herauslässt. Dann vernahm ich eine Botschaft für Paul von seinem Schutzengel: „Paul, schau immer ins Licht, habe Vertrauen und glaube an mich, ich helfe dir bei deinem Übergang. Ich werde dich führen und passe auf dich auf. Glaube immer daran!"

Ich war noch beeindruckt von den Bildern und Informationen aus der Meditation, als Ines mich anrief: „Das Krankenhaus hat sich gemeldet. Am Montag – das ist in drei Tagen – wird der Termin für Paul auf der Palliativstation sein. Kannst du bitte noch mal vorbeikommen? Paul braucht jetzt Unterstützung. Ich weiß, dass er sich viele Gedanken macht. Es wäre schön, wenn wir ihn etwas ablenken und beruhigen könnten." Eine Stunde später stand ich an Pauls Bett.

Sein Blick verriet mir, dass er sehr angespannt und aufgeregt war. Mit weiter geöffneten Augen als sonst schaute Paul mich an. Aus seinen trüben, glasigen Augen sprach Angst. Ich nahm seine Hand und drückte sie leicht mit den Worten: „Paul, mach dir keine Sorgen! Alles wird gut." Dabei bemerkte ich, dass die Engelsfigur in seiner Hand lag. Ines kam zu uns: „Ich habe eben mit der Stationsschwester in der Klinik gesprochen. Wir dürfen Montagfrüh schon mal in das Zimmer und können dort ein paar Dinge so verändern, dass wir uns etwas wohler fühlen." Wir freuten uns darüber, denn es war uns sehr wichtig, jede Stunde, jeden Moment für Paul so liebevoll und angenehm wie möglich zu machen und dazu gehörte auf jeden Fall dieser Raum.

„Paul", sagte ich, „dein Schutzengel hat eine Bitte an dich." Ich wiederholte die Worte: „Schau immer ins Licht, habe Vertrauen und glaube an mich. Ich helfe dir bei deinem Übergang. Ich werde dich führen und passe auf dich auf. Glaube immer daran!" Ich sah Paul dabei in die Augen und als ich ihn fragte, ob er die Botschaft annehmen könne, bewegte er seine Augen sofort nach oben. Das war ein eindeutiges und promptes Ja, und gleichzeitig konnte ich in seinem

Gesicht Erleichterung wahrnehmen. Ines hatte mir zuvor erzählt, wie emotional belastend die letzten zwei Tage für alle gewesen waren. Paul hatte viel Besuch von Menschen gehabt, die ihn im Leben ein Stück begleitet hatten. Nicht alle konnten angemessen mit seiner Entscheidung und mit dem Tod umgehen. Da verlief so manches Abschiednehmen recht aufregend und berührte im Herzen sehr. Aber die meisten wollten nur das Beste für Paul.

Montag, der 30. März. Ich traf mich mit Ines um zehn Uhr in der Klinik. Wir hatten uns zwei Tage lang nicht gesehen und ich erkundigte mich erst einmal, wie es ihr ging. Ines meinte: „Ich bin immer noch sehr ruhig und hoffe, dass es auch so bleibt. Ich will heute stark sein für Paul."

Die Stationsschwestern begrüßten uns sehr freundlich und boten ihre Unterstützung an. Als erstes stellten wir das Bett um: Mit dem Kopf zum Fenster und den Füßen zur Tür. So konnte Paul besser sehen, wer zu ihm hereinkam. Auf einen kleinen Tisch stellte Ines Bilder von Paul auf, schmückte ihn mit Blumen und liebevoll gestalteten Grußkarten. Zum Schluss ging ich mit einem Räucherstäbchen durch den Raum, eine Art energetische Reinigung, und bat um himmlische Unterstützung für den heutigen Tag. Alles war vorbereitet und getan.

In Ruhe schauten wir uns nochmal um und atmeten tief durch. Wir nahmen uns fest in die Arme und sprachen uns gegenseitig Mut und Kraft zu. Es war und blieb die richtige Entscheidung für Paul, darin waren wir uns einig und sicher. Ines fuhr nach Hause, und ich versprach rechtzeitig wieder da zu sein.

Bis dahin hatte ich noch zwei Stunden Zeit, und dachte mir: „Das wird ein langer Tag, versuch ein wenig zu schlafen." Ich legte mich auf meine Couch und kurz nachdem ich meine Augen geschlossen hatte, war ich gedanklich bei Paul zu Hause. Ich sah wie er in seinem Bett lag, umhüllt vom leuchtenden Grün seines Schutzengels. Paul hatte sich schon jetzt seinem Schutzengel voll anvertrauen können. Ich stand plötzlich vor einer Art Durchgang: Es war aber keine Tür, sondern hatte eher den Anschein einer Schwelle, an der man in eine andere Welt wechseln kann. Im selben Moment war mir klar: Das ist das Tor zur anderen Seite oder zum Jenseits, wie man es auch bezeichnen möchte. Träumte ich jetzt? Nein! Ich war in einem meditativen

Zustand, denn ich konnte alle Geräusche in meiner Umgebung genau hören.

In Gedanken vernahm ich: „Du kannst die Schwelle übertreten, wenn du willst. Dir kann und wird nichts geschehen, du wirst nicht daran sterben." Nach anfänglichem Zögern vor dem Unbekannten setzte ich meinen Fuß über die Schwelle. Dort erblickte ich einen Raum ohne Wände, wieder nur begrenzt durch Nebel. In der Mitte des Raumes stand ein Bett und ich dachte gleich: „Das ist für Paul." Im selben Moment hatte ich die Auflösung: Schwerkranke Menschen benötigen eine Ruhephase, um die Leiden des Körpers hinter sich zu lassen. Auch bemerkte ich, dass zwei weitere Seelen anwesend waren. Mein Gefühl verriet mir, dass eine ältere weibliche Seele und eine Tierseele dort zu warten schienen. „Oh, wie schön", dachte ich, „Paul wird auch hier nicht allein sein, und ich könnte ihn bis hierher sogar noch begleiten."

Also – geschlafen hatte ich nicht, aber wundervolle Neuigkeiten erhalten. Mit gemischten Gefühlen fuhr ich in die Klinik zu Paul und Ines. Richtig realisiert hatte ich noch nicht, was in den letzten Tages alles geschehen war. Aber schon jetzt veränderte es mein Denken über das Leben und den Tod.

Die junge Krankenschwester auf der Station nickte mir freundlich zu, als ich wieder da war, aber auch sie konnte ihre Betroffenheit nicht verstecken. Der Transport mit Paul war gerade angekommen und die Pfleger legten ihn vorsichtig um. Ines hatte Pauls eigene Bettwäsche mitgebracht.

Mit einem Lächeln schaute ich Paul in die Augen und fragte: „Geht es dir gut? Willst du es immer noch?" Er rollte mit seinen Augen sofort nach oben, ein klares Ja. „Paul, ich habe gesehen, alles wird gut, habe Vertrauen." Dabei nahm ich seine Hand, in der der Engel lag, und drückte sie sanft und sagte: „Wir sind alle sehr aufgeregt und die nächsten Stunden werden bestimmt nicht einfach sein, aber wir werden dir, mir allem, was du brauchst, zur Seite stehen." Dann erzählte ich von dem Raum auf der anderen Seite und, dass dort zwei liebevolle Seelen auf ihn warteten. „Pauls Oma ist vor etwa zwei Jahren verstorben", überlegte Ines, „vielleicht ist es ihre Seele? Paul und sie verstanden sich immer sehr gut." Die Tierseele konnten wir in diesem Moment nicht zuordnen.

„Mach dir bitte keine Sorgen, Paul", sprach ich, „du wirst nie alleine sein und meines Wissens nach, darf ich dich noch ein Stück auf der anderen Seite begleiten. Dort wirst du dich ausruhen können."

Es klopfte und die Narkoseärztin kam ins Zimmer. Ausführlich erklärte sie die Wirkung der Narkose und den weiteren Ablauf. Ihr entging nicht, dass Paul sehr aufgeregt war, sie wollte ihm etwas zur Beruhigung geben. Doch Paul wollte bei absolut klarem Bewusstsein bleiben. Ines schaute auf die Zeit. Es war 15:30 Uhr und die ersten aus der Familie waren bereits da. Nun brachen für alle die schwersten Stunden an.
„Wenn du mich brauchst, Paul, gib einfach Bescheid." Mit diesen Worten verließ ich das Zimmer und setze mich nach draußen auf den Flur. Jeder Mensch geht mit schwierigen Situationen anders um, doch Antworten sucht ein jeder. In der Zwischenzeit unterhielt ich mich mit Pauls Freunden und Angehörigen, bei denen immer wieder Tränen tiefer Trauer flossen. Es war einfach unfassbar! Jeder, dem Paul etwas bedeutete, versuchte auf seine Art, sich in Pauls Situation hineinzuversetzen. Immer wieder hörte ich

Worte der Anerkennung und Bewunderung für den großen Mut, den Paul aufgebracht haben musste. Jedem war an diesem Tag klar, dass es Pauls fester Wille war, zu gehen. Und wir alle respektierten seinen Wunsch.

Dann rief mich Ines: „Karen, kommst du mal bitte? Paul möchte, dass du zu uns reinkommst." Als ich das Zimmer betrat, saßen die gesamte Familie und Pauls Freunde um sein Bett herum. Die Stimmung war getrübt, Kummer machte sich breit. Keiner wusste, was er sagen sollte. „Hm...", dachte ich mir, „nicht so schön für Paul." In diesem Moment erblickte ich selbstgemalte Bilder an der Wand. Auf dem einen waren Engel zu sehen und auf dem anderen ein riesiger Regenbogen, auf dem ein Mensch saß. Das war mein Aufhänger: „Wer hat denn diese schönen Bilder gemalt?", fragte ich in die Runde. „Die haben Pauls Halbgeschwister gemacht, für Paul", antwortete sein Vater, „weil sie heute nicht da sein können. Die Figur auf dem Regenbogen ist Paul. Er wird auf ihm getragen, und die Engel begleiten ihn."
Ich sprach: „Wie schön! Lasst uns alle wieder – wie Kinder – in den Glauben gehen, dass es Engel und himmlische

Helfer gibt! Genau solch ein emotionaler Moment wie dieser erlaubt es uns, die wahren Werte im Leben zu erkennen. Durch Pauls Stärke kann dies jedem von uns heute gewahr werden, den Augenblick des bewussten Miteinanders im Herzen zu teilen, die bedingungslose Liebe und Verbundenheit miteinander zu spüren. Das Vertrauen zu haben, sich viel stärker wieder auf das Leben einzulassen. Dies heute zu erkennen, ist ein Geschenk von Paul an uns alle."
Ein tiefes Durchatmen ging durch den Raum. Die angespannte Situation beruhigte sich, als fiele dem einen oder anderen ein Stein vom Herzen. Um Paul auch ein Geschenk zu machen, holte sein Freund die Gitarre heraus, seine beste Freundin begleitete ihn im Gesang. Es war ein sehr ruhiges langsames Lied und kaum ein Auge blieb trocken, so berührte uns die Musik im Herzen. Sicherlich wollte ihn keiner gehen lassen, doch es war nun an der Zeit, Abschied zu nehmen. Pauls Familie zog sich in einen Nebenraum zurück. Ines und ich blieben auf Pauls Wunsch bei ihm.
Sie fragte: „Mein Schatz, bist du bereit oder brauchst du noch irgendetwas?" Paul verneinte mit seinen Augen. Ihm war die Anspannung deutlich anzusehen, denn seine Augen waren weiter geöffnet als sonst. Dann legte ich meine

Hand auf sein Herz und sprach: „Paul ich danke dir, für dein Vertrauen, deinen Mut und deine Stärke. Ich habe durch dich ein unglaubliches Geschenk erhalten. Ohne dich hätte ich diese Erfahrungen nicht machen können. Vielen Dank!"
Ich umarmte ihn: „Du bist für immer und ewig ein Teil in meinem Herzen." Mein Herz klopfte wie verrückt. Als ich Paul in die Augen blickte, sah ich einen völlig klaren Ausdruck darin und Ines sprach: „Paul sagt auch dir danke."
Dann verließ ich noch mal kurz den Raum.
Drei Minuten später war das Ärzteteam bereit. Gemeinsam gingen wir zu Paul und Ines. Ab nun übernahmen die Ärzte das Ruder. Ines setzte sich zu Pauls Kopf und streichelte sein Gesicht. Ich hatte versprochen, seine Hand zu halten. Um mich gut einzufühlen, schloss ich meine Augen. Die Narkose begann. In immer kürzeren Abständen blickte ich zu Paul. Er wurde zusehends müder.
Auf einmal verspürte ich, wie sich meine Hand von seiner leicht abhob – ein Zeichen, dass Pauls Seele nun langsam zu gehen begann. Es konnten so etwa zwanzig Minuten seit Einleitung der Narkose vergangen sein, als ich mit geschlossenen Augen Paul, friedlich mit seinem Schutzengel vereint, wahrnahm.

Der Chefarzt unterbrach meine Beobachtungen. Er sprach: „Es ist so weit, mit ihrem Einverständnis stelle ich jetzt das Beatmungsgerät ab." Ines nickte zustimmend. In Pauls Augen war Leere. Er war behutsam und schmerzlos von uns gegangen. Stillschweigend blieben wir ein Weilchen sitzen.

Wieder schloss ich meine Augen und war sofort bei Pauls Seele. Ich begleitete ihn in den Raum bis zum Bett. Dort warteten schon die beiden Seelengefährten. In Gedanken sagte ich: „Paul, ich bleibe, bist du eingeschlafen bist." Dabei vermittelte er mir: „Ich fühle mich schon leichter, kann das sein?" Ich dachte: „Ja, du bist ohne Schwierigkeiten sanft gegangen. Nun ruh dich aus."

Dann hörte ich Ines fragen: „Ist Paul jetzt verstorben?" Ich wandte meinen Blick zu ihr: „Ja, er ist sicher angekommen. Es geht ihm gut. Paul wird jetzt eine Zeit lang schlafen und sich ausruhen." Wir umarmten uns fest.

Die Ärzte hatten das Zimmer bereits verlassen. Ich verabschiedete mich für diesen Tag von Ines. Vor der Tür warteten die Angehörigen. Der Ausdruck in ihren Gesichtern sprach Bände. „Alles ist gut und ruhig verlaufen. Paul ist sanft eingeschlafen." Mit diesen tröstenden Worten und einigen innigen Umarmungen verließ ich die Klinik. Die Familie wachte die Nacht über einander abwechselnd bei Paul am Sterbebett.

Am nächsten Morgen erwachte ich durch den heftigen Wind, der bei mir zu Hause durch die hohen Tannen fegte. Richtiges Aprilwetter mit Regen, Schnee und Gewitter tobte sich da draußen aus. Wie ein Sturm wirbelten die Gedanken in mir. Ich fing an, die Ereignisse der vergangenen Tage zu verarbeiten. Die Nächte konnte ich immer gut durchschlafen.

Doch am dritten Tag nach Pauls Gehen wurde ich sachte geweckt. Ich hörte in Gedanken Pauls Stimme zu mir sagen: „Ich bin wieder gesund und in meiner vollen Kraft, aber wie geht es meiner Mutter und meinem Bruder?" Leicht überrascht, da ich nicht so schnell damit gerechnet hatte, sagte ich ihm: „Mach dir keine Sorgen, es geht ihnen den Umständen entsprechend gut, aber du fehlst schon sehr. Sie sind starke Persönlichkeiten und unterstützen sich gegenseitig. Es gibt viel Halt aus der Familie und von den Freunden."

Paul ließ mich wissen, dass er ohne seinen Körper wieder in der Lage sei, die Gesamtheit des spirituellen Seins zu überblicken. Er sagte wortwörtlich: „Ich will wiedergeboren werden, ich will den Menschen helfen, helfen zu verstehen, dass wir alle unsterbliche Seelen sind. Der Tod ist nicht das Ende. Mit meinem Glauben konnte ich mein Leben und meinen Körper leichter verlassen." Mit diesen wundervollen Worten im Kopf blieb ich noch ein Weilchen liegen.

Ostersonntag. Besuch hatte sich zum Kaffee angemeldet. „Noch genug Zeit, den Kuchen fertig zu bekommen", dachte ich mir. Zunächst rief ich Ines an. Ich erzählte ihr, was ich von Pauls Seele wusste und sie sagte: „Ich kann dir schon mitteilen, in zwei Tagen wird Pauls Beerdigung auf dem Neuen Friedhof sein. Komm bitte um zehn Uhr in unsere Kirche, dort wird es eine Feierstunde für Paul geben." „Ich werde da sein", gab ich zur Antwort.

Bis dahin war ich noch nie auf einer kirchlichen Beerdigung gewesen. Am Tag der Beerdigung holte ich zunächst das Grabgesteck für Paul ab und fuhr anschließend zur Kirche. Ich wollte rechtzeitig da sein. In der Kirche angekommen, musste ich nach einem freien Platz suchen. Es waren sehr viele Menschen gekommen, und deshalb musste ich wirklich suchen. In der vorletzten Reihe sah ich noch leere Plätze. Erst dachte ich: „Schade so weit hinten", doch dann empfand ich es als recht angenehm. So konnte ich mehr für mich sein und den Augenblick bewusster miterleben.

Nach der kirchlichen Trauerrede wurden Lieder von seiner ehemaligen Band gesungen. Die Musik berührte mich im tiefsten Herzen, so dass mir die Tränen kamen. Mich durchströmte Traurigkeit, Sehnsucht, aber auch Liebe und Geborgenheit. Es war ein Auf und Ab von Gefühlen. Ich konnte nichts mehr aufhalten und ließ meinen Tränen und Emotionen freien Lauf. Allmählich beruhigte sich mein Gefühlsausbruch.

Dann vernahm ich eine innere Stimme: „Nehmt eure Gefühle an und lasst sie zu, das macht euch menschlich und befreit euch von Kummer und Leid." Ich war noch viel zu überwältigt von den Ereignissen des Tages, als dass ich die Wichtigkeit und Bedeutung der Worte zu diesem Zeitpunkt vollständig verstanden hätte. Doch ging es mir merklich besser und ich fühlte mich befreiter.

Nach der Trauerstunde ging es zum Abschiednehmen auf den Friedhof. Ein großer Trauerzug begleitete Paul zu seiner Ruhestätte. Im kleineren Kreis von Familie und Freunden setzten wir uns im Anschluss zusammen. Zum Gedenken an Paul schauten wir uns Bilder aus seiner Kindheit und Jugend an. Auf einem älteren Foto aus gesunden Tagen erkannte ich den Augenausdruck von Paul wieder. Genau diesen gesunden klaren Blick hatte ich in Pauls Augen gesehen, als wir uns das letzte Mal voneinander verabschiedeten. Schon zu diesem Zeitpunkt hatte Pauls Seele Heilung erfahren können. Der Tag wurde in trauter Runde von Pauls Familie am Strand ganz in Ruhe beendet, und ich fuhr heim zu meiner Familie.

Ja, jeder geht seine Wege, ob nun hier auf
Erden oder woanders.
Dabei ist eines wichtig:
Jeder sollte in Liebe und mit Liebe gehen.
Der Tod kann uns die wahre Liebe lehren.
Einen Menschen werden wir dann am
meisten lieben, wenn wir ihm erlauben
können, dorthin zu gehen, wo es ihn hinzieht.
Nach dem Tod gehen wir dorthin, wo wir
schon immer waren, wo wir sind, was wir sind.

Diese spirituelle Begleitung mit Paul
hat mich dazu gebracht, mich nicht zu sehr
mit meinem Körper zu identifizieren.
Ich wurde mir bewusst, dass ein jeder Körper
einer Ursache – Wirkung – Verkettung
unterliegt, aber die absolute Wirklichkeit
in anderen Dimensionen unseres Seins
verborgen ist.

Die Zeit des Lebens,

die Zeit unseres physischen Körpers,

ist vergleichbar mit einem Kokon,

in dem der Schmetterling,

der wir sind, heranreift.

Und manchmal spüren wir

in unserem Körper dieses Kribbeln

der Flügel.

II Spiritueller Wegweiser für mehr Leichtigkeit

Eine kleine Geschichte für dich.

Es war einmal eine Seele, die wusste, dass sie das Licht war. Doch das reichte ihr nicht.
Sie wollte es nicht nur wissen, sondern auch fühlen können. Sie wollte Gewissheit haben. Wo sie herkam, gab es nur Licht.

So suchte sie und ging an Orte, an denen es weniger Helligkeit und sogar Dunkelheit gab. Menschen, deren Licht nicht so hell schien, begleiteten ihren Weg. Anfangs waren es nur einige. Je mehr Menschen ihr begegneten, desto dunkler erschien ihr die Welt, bis um sie herum nur noch ihr eigenes Licht leuchtete. Die Seele

schaute sich um und war ganz erschrocken: Niemand war da, der mit ihr den Raum erhellen konnte. Doch manchen fiel ihr Leuchten auf und jemand fragte: „Wie machst du das nur? Um uns herum ist es so dunkel, dass man Angst bekommen kann und du bist die Einzige, die leuchtet. Wir freuen uns, dass wir dich getroffen haben, sag uns, wie machst Du das nur?"
Die Seele war überrascht. Sie überlegte und wusste keine Antwort. Ein Augenblick absoluter Stille. Dann sprach sie: „Ich kann euch auch nicht sagen, wie das geht, oder was man machen muss, aber erst in der Dunkelheit kann ich mein Licht fühlen und könnt ihr es sehen. Damit habe ich für mich die Gewissheit, dass ich das Licht bin!"
In diesem Moment legte sich die Dunkelheit, denn viele andere Seelen fingen an zu leuchten. Die Seele konnte nun glauben, was sie schon immer wusste.

Entscheide dich, dein Licht zu sehen!

Erinnere dich!

Willst du dich erinnern?
Willst du es „wieder" wissen?
Bist du bereit?
Du hast die freie Wahl!
Du weißt das alles schon.
Du hast deine Entscheidung bereits getroffen.

Du bist genau jetzt hier, weil du dich erinnern willst. Diese Zeilen kreuzen heute deinen Weg, weil du wusstest, dass dieser Tag der Erinnerung kommen würde. Beginne, dich an deine Bestimmung zu erinnern.

Erinnere dich an alles, was du mitgebracht hast
und der Welt geben kannst, an das, was du wirklich
willst und wirklich bist, an deinen wahren Wert
– wie wertvoll du bist.

Was bestimmt deinen Wert?
Was ist dein Maßstab?

Du weißt: Wahrer Selbstwert kann nur von Innen
kommen. Materielle Dinge sind lediglich Hilfsmittel
auf deinem Weg.

Nimm dich mit all deinen
Stärken und Schwächen an.
Erinnere dich, wer du wirklich bist!

Du bist einzigartig.

*Aus dem Göttlichen heraus
ist alles entstanden.
Du bist ein Teil vom göttlichen Ganzen.
Du bist Teil dieser göttlichen Energie
aus Licht und Liebe.
Du bist einzigartig.
Niemand ist so wie du.
Niemand macht Erfahrungen wie du.
Niemand denkt oder fühlt wie du.
Niemand sieht aus wie du.
So wie du bist, bist du genau richtig.
Nichts geschieht durch Zufall.
Die Menschen um dich sind Seelen,
die dir helfen.*

Immer und immer wieder wird dir jemand zur Seite gestellt, der dich an deine wahre Herkunft erinnern will. Wie denkst du über dich und über andere? Beurteile oder verurteile nicht, denn damit schränkst du dein Leben sehr ein.

Körper, Geist und Seele

Wie sind deine Gefühle? Was fühlst du wirklich, wenn du Dinge tust oder auch nicht tust. Es ist gar nicht so entscheidend, was du tust – viel wichtiger ist, dass es eine Sache deines Herzens ist.

Wichtige Erfahrungen machst du durch emotionale Verbindungen zu einer Situation. Du spürst das oder hast etwas im Gefühl.
Du kannst entscheiden, wie du darüber denken möchtest, das Gefühl kommt von allein. Du kannst entscheiden, ob es gut ist oder nicht. Bedenke, dass dir Unerwartetes begegnen wird – erkenne es und entscheide, wie du damit umgehen möchtest.

Entscheide dich für das bewusste Fühlen auf allen Ebenen deines SEINs – mit Körper, Geist und Seele – und verdränge deine Gefühle nicht. Sie sind wichtig für deine Selbsterkenntnis.

Vertraue darauf, dass deine Seele weiß, was du gerade brauchst, und dass sie dir hilft zu wachsen. Du bist auf einer Selbsterkundungsreise mit deinen Reisegefährten Körper, Geist und Seele.

> *Du bist nicht dein Körper, du hast einen.*
> *Du bist nicht dein Geist, du hast einen.*
> *Du bist nicht deine Seele, du hast eine.*

Du bist die Gesamtheit aus Körper Geist und Seele, erst alles zusammen macht dein SEIN aus.
Das bewusste Verbinden von Körper, Geist und Seele ist dein Bewusstsein. Deine Seele weiß darum, und sie verfolgt die Absicht, diese Aspekte deines SEINs zu verbinden, um Bewusstheit zu erlangen.

Wenn sich deine gegenwärtigen Erfahrungen mit dem Wissen der Seele verbinden, bist du dir deiner bewusst – dann sind es von dir gewählte Entscheidungen.

Dein Geist ist dein Erfahrungsspeicher. Er speichert deine erlebten Erfahrungen mit allen dazugehörigen Emotionen ab, was auch erklärt, warum mancher immer wieder die gleichen Dinge ‚durchmacht'.

Nur, wenn du im Hier und Jetzt bewusst klare Entscheidungen triffst, bist du in der Lage, dich von alten Erinnerungen zu lösen, um dich neu auszurichten.

Du bist hierhergekommen, um dich daran zu erinnern, dass deine Seele ewig ist. Sie braucht nichts und ihr fehlt nichts, sie ist vollkommen und heil.

Du bist auf einer ewigen Reise im Körper mit Geist und Seele. Deine Form verändert sich ständig, aber dein SEIN bleibt. Es verändert nur den Zustand, denn Energie stirbt nicht, sie verändert nur die Form – so wie Feuer Holz in Asche, Wärme und Rauch umwandelt.

Wenn du dir diese Dinge klargemacht hast, beginnt aus deinem Leben eine heilige Reise zu werden. Dann beginnst du dein Leben bewusst zu steuern.
Du entscheidest, was du wirklich willst und wer du sein möchtest.

Vertraue, richte deine Aufmerksamkeit nach innen. Du bist wie ein Samenkorn, in dem schon alles vorhanden ist, du musst nichts wirklich Neues lernen. Du brauchst dich nur zu erinnern. Evolution heißt Leben und Leben ist ständige Weiterentwicklung.

Erfahrungen

Das Leben besteht aus vielen Erfahrungen und es lädt dich ein, deine Einzigartigkeit zum Ausdruck zu bringen. Und dieser Impuls steckt in dir, es ist dein innerer Antrieb, dein bestmöglichstes Potenzial zu entfalten und zum Ausdruck zu bringen.

Das Beste an Mitgefühl und Liebe.
Das Beste an Verständnis und Geduld.
Das Beste an Achtung und Respekt.

All dies ist dein wahrer Ausdruck, dein wahres SEIN. Denn du bist nicht dein Körper, du bist das verkörperte SEIN, damit du all diese Dinge zum Ausdruck bringen kannst. Und du bist auch nicht dein Beruf.

Du bist das Wissen, mit dem du Liebe, Freude, Frieden, Geduld, Achtung, Verständnis, Mitgefühl und Hilfe im Zusammensein mit anderen in deinem Leben zum Ausdruck bringen kannst.

Du kannst über Liebe reden.
Du kannst über Liebe nachdenken.

Du kannst eine Vorstellung von Liebe entwickeln, aber so lange du sie nicht zum Ausdruck bringst, kannst du sie nicht erfahren.

Du kannst über Mitgefühl reden, du kannst über Mitgefühl nachdenken, du kannst eine Vorstellung davon entwickeln, was Mitgefühl sein könnte, aber so lange du es nicht zum Ausdruck bringst, kannst du es nicht erfahren und damit wahrhaft spüren.

Dein wahres SEIN will sich selbst erfahren.

Ohne Dunkelheit kannst du dein Licht nicht erfahren. Erfahrungen sind überhaupt nur möglich in einer Umgebung, in der es Gegensätze gibt. Nur in Gegenwart von Dingen, die klein sind, kannst du erfahren, was groß bedeutet. Oben ergibt nur dann einen Sinn, wenn es auch ein Unten gibt. Schnell ist ein Begriff, der nur dadurch eine Bedeutung bekommt, dass es auch langsam gibt. Ohne Gegensätze kannst du nicht erfahren.

Alle Menschen, mit denen du zu tun hast, alle Ereignisse, die du erlebt hast, sind Erfahrungsschätze – sie enthalten dein Wachstumspotenzial. Sie sind Puzzleteile zur deiner Selbstbewusstheit. Selbstbewusstheit lässt sich meist nur durch einen Prozess mit vielen Puzzleteilchen erreichen. Sie erzeugen Gefühle in dir, in denen du dein wahres Selbst erst erkennen kannst.

Wenn das Leben dir also Herausforderungen, schwierige Situationen und Umstände bringt, urteile und verdamme sie nicht, sondern sei ein Licht in der Dunkelheit, denn so erfährst du, wer du wirklich bist und was deine wahren inneren Werte sind.

Wenn du diese Erfahrungen – die wahren Gefühle – spürst und bewusst zulässt, werden sie in deinem ganzen SEIN als wertvolles Gut abgespeichert. Du wirst dich selbst daraus kennenlernen mit all deinen Werten. Dein Leiden, dein Kämpfen wird aufhören. Du wirst erkennen, was wirklich wichtig ist. Dein Leben bekommt eine andere Ausrichtung, die dir viel mehr Frieden, Freiheit und Glückseligkeit bringt.

Du kannst dich bewusst entscheiden,
wie du dein Leben erleben möchtest,
wie du deinen Weg gehen möchtest.

*Mit jeden Gedanken, den du denkst,
mit jedem Wort, das du aussprichst
und mit jeder deiner Handlungen
erschaffst du deine Realität.*

Dein Geist arbeitet wie ein riesiger Datenspeicher, dadurch entscheidest du blitzschnell, wie du dich fühlst. Alle deine Gedanken kommen aus gesammelten Erfahrungen, die in deinem Geist als Emotionen aufbewahrt sind. Sei dir immer bewusst, dass es vergangene Erfahrungen sind!

Aus diesem Speicher gewinnst du erst eine Emotion, ein Gefühl zu einer bevorstehenden Sache, erst dann handelst du. Damit ist klar, dass du immer bewusst entscheiden kannst, wie du auf eine neue Herausforderung reagieren willst.

Dankbarkeit und Vergebung

Gefühle werden nicht durch Erfahrungen erzeugt, sondern deine Gefühle erzeugen deine Erfahrungen, also ist immer entscheidend, wie du denkst.
All deine Emotionen sind selbst gewählt, sie sind in dir. Willst du sie ändern, dann gehe in die Dankbarkeit und/oder in die Vergebung. So wirst du dies bei jeder neuen Erfahrung auch fühlen. Dein Geist wird dir immer das geben, was du zuvor in ihm abgespeichert hast.

Wenn du bezüglich all deiner Erlebnisse aus deiner Vergangenheit in Dankbarkeit lebst, dann wird auch in allen zukünftigen Ereignissen Dankbarkeit in dir aufsteigen.

Du bestimmst und entscheidest stets selbst, was Ereignisse und Dinge für dich bedeuten. Aber sei dir immer bewusst: Du entscheidest und urteilst auf Grundlage vergangener Erfahrungen, mit alten Ansichten und Befürchtungen, aber auch mit Sehnsüchten und Wünschen. Doch bedenke: Nichts davon hat mit dem Hier und Jetzt zu tun.

*Jeder Moment ist ein neues,
einzigartiges Jetzt.*

Das Vergangene ist vergangen und die Zukunft kommt erst, sie ist komplett offen, beides gibt es nicht. Du lebst immer nur im Hier und Jetzt. Das ist eine Tatsache. Deshalb hast du immer wieder die Wahl dich neu zu entscheiden, wie du mit einer Situation umgehst.

*Sei dir dessen bewusst, mach es dir ganz klar!
Du bist Bestimmer deiner Gedanken.*

Gedanken sind Energie, nutzte dein Denken bewusst, es wird dir damit jedes Mal eine neue Chance gegeben, es für dich besser zu machen. Mit deiner Einstellung zu den Dingen, wie du über sie denkst, hast du die Möglichkeit, dein Leben zum Besten für dich und deine Mitmenschen zu verändern.

Du bist Erschaffer deines Selbst.
Du erschaffst dir dein Leben nach deinen Werten.

Du bist dann selbstbestimmt und nicht mehr fremdbestimmt. Triff eine klare Entscheidung! Das Werkzeug ‚Dankbarkeit' wird dir dabei sehr hilfreich sein.

Die Änderung deiner Haltung zu Menschen oder schwierigen Situationen wird mit Verständnis und Dankbarkeit wahre und heilsame Wunder vollbringen. Alles spielt sich in dir ab.

*Es liegt ganz bei dir,
wie du dich fühlen willst.*

Willst du dich glücklich fühlen, wirst du bewusst all deine Entscheidungen danach ausrichten. Du wirst alle Menschen, die dir nicht gut tun, in deinem Leben weiterziehen lassen. Du brauchst sie nicht verändern oder dich ihnen anzupassen. Du wirst merken, welche Menschen dir gut tun und welche nicht, lasse sie so sein und geh deinen Weg! Begegne ihnen mit Respekt und Achtung, aber sei ganz bei dir. Denn es ist wichtig, dass du verstehst, dass jeder in seinem Leben anders sein darf.

Energie

Dein Leben ist ein Erschaffungsprozess und du bist der Erschaffer. Wähle also, was du erschaffen möchtest. Dein Leben ist ein einzigartiges Abenteuer.

> *Du kannst die Energie der Anziehung benutzen.*
> *Du kannst das Gesetz der Gegensätze benutzen.*
> *Du kannst die Gabe deiner inneren Weisheit benutzen.*

Du kannst die Freude benutzen, aber wenn du keine Freude empfinden kannst, bei Dingen die du tust, dann lasse sie.

> *Sei ehrlich mit dir selbst.*

Mit all diesen Dingen kannst du anziehen und auswählen, was du hier und jetzt erfahren möchtest. Denke nur das, was du erleben möchtest. Sage nur das, was du wirklich machen möchtest. Nutze deinen Geist und deinen Körper nur für das, was du wirklich tun möchtest, worin dein Wohl und deine Wirklichkeit liegen.

Was kannst du anderen geben?
Was kann ich mir selbst geben?

Dein Leben geschieht durch deine Gedanken, Worte und Taten. Sie sind deine Energien, deine Ausdrucksformen. Alles im Leben ist Energie, Energie in Bewegung, die schwingt. Du kannst sie für dich schwingen lassen. Alle Menschen schwingen mit einander, einfach alles schwingt miteinander.

Jeder ist ein Teil des Ganzen.

Behandle andere, wie du selbst behandelt werden möchtest, denn was du anderen tust, geschieht dir selbst, einfach deshalb, weil wir alle ein Teil des Ganzen sind und alles somit auch zu dir zurückschwingen wird, es berührt dich.

Wenn du etwas erschaffen möchtest, dann erschaffe erst für einen anderen. Denn hier wirkt die Kraft der Anziehung so durchdringend wie sonst nie. Was auch immer du selbst erschaffen, also erfahren möchtest, lass es zuerst andere erfahren.

Wenn du Liebe in deinem Leben haben möchtest, dann sorge dafür, dass ein anderer geliebt wird. Wenn du Geborgenheit, und Vertrauen erleben möchtest, verschaffe erst einem anderen Geborgenheit und Vertrauen. Wenn du Glück und Frieden möchtest, sorge dafür, dass ein anderer in Glück und Frieden lebt.

*Was du anderen zukommen lässt,
kommt dir selbst zu, denn es gibt nur
das eine Ganze, dessen Teil du bist.*

Wenn du das verinnerlichst und für dich verständlich machst, wird sich dein Leben leichter gestalten.

Äußere Umstände mögen dir in jeder erdenklichen Gestalt begegnen, aber wie du darauf reagierst, ist ganz und gar deine Entscheidung.

Du erschaffst dich in jedem Augenblick neu, indem du frei und vollkommen bewusst deine Reaktion wählst.

Das ist der Augenblick des bewussten Erschaffens, das ist dein wahres SEIN.

Das ist der magische Moment, in dem du in voller Absicht das herbeiführst, was und wer du sein willst, welche Erfahrungen du machen möchtest. Es liegt ganz bei dir.

Nicht was du tust, ist entscheidend, sondern WIE du die Dinge tust und WIE du damit umgehst.

Lebe dein Leben so, wie du es erleben möchtest und nicht, wie du es immer erlebt hast oder wie andere es zu leben scheinen.

Wahrhaftigkeit

Habe Verständnis und Mitgefühl mit dir! Habe Geduld mit dir! Lass deine alten Erwartungen fallen, sie schränken dich ein. Lass jeden neuen Tag, jede neue Stunde, jeden neuen Augenblick ein Anfang sein. Lebe authentisch, sei ganz du selbst.

Bleibe bei deiner Wahrheit, halte sie nicht zurück. Zeige deinen Mitmenschen deine wahren Gefühle, deine Ängste, deine Wünsche und Vorstellungen. Lebe dein Leben in der Wahrhaftigkeit. Denn die Wahrheit verleiht dem Geist Flügel, sie befreit den Verstand und öffnet das Herz. Wahrheit entfaltet die Leidenschaft der Seele und lässt ihre Liebe frei.

Wahrhaftigkeit und Selbstbestimmtheit sind die Schlüssel zu deinem Herzen, zu deinem Glücklichsein.

Glück ist die am höchsten schwingende Energie. Glück fällt nicht vom Himmel, sondern du kannst Glück für dich und andere erschaffen.

Deine Kraft liegt im Erschaffen!

Dein wahres SEIN ist im Hier und Jetzt, um sich Ausdruck zu verschaffen in bestmöglichster Art und Weise. Das ist dein Lebenssinn. Dein Selbst ist frei, deine Seele ist frei, war es immer und wird es auch immer sein.

Lache, freue dich, genieße dein Leben.
Sei hilfsbereit und dienlich.
Fühle dich, mit all deinen Sinnen.

Esse und schmecke bewusst, genieße dabei und sei dankbar dafür! Atme tief und bewusst, denn die Atemluft ist dein Lebenselixier. Benutze deine Sprache, um liebevolle dankende Worte auszusprechen. Aber bleibe immer bei der Wahrheit.

Schau dich bewusst in deiner Welt um, was es alles Wunderbares zu sehen gibt! All die Farben in der Natur. Lausche ihren Klängen. Nimm deine lieben Menschen in die Arme und spüre die Wärme. All dies ist da – wahre göttliche Geschenke. Wenn du in solch schöne Augenblicke hineinspürst, wirst du die tiefe Freude und das wahre Glück finden.

Das gibt dem Leben den wahren Zauber.

Lebe! Liebe! Lache!

Dein Leben ist wie ein Saatkorn.
Die Liebe ist wie eine wunderschöne Blume.
Das Lachen ist ihr bezaubernder Duft.

Was du weißt, wirst du erschaffen.
Was du erschaffst, wirst du erfahren.
Was du erfährst, wirst du zum Ausdruck bringen.
Was du zum Ausdruck bringst, wirst du leben.

Sei das, was du erfahren möchtest.
Strahl das aus, was du zu empfangen wünschst.
Sei liebenswert, und suche nicht nach Liebe.
Sei das, wonach du suchst, und das,
wonach du suchst, wird dich finden.
Sei mitfühlend, geduldig und freundlich.
Sei fürsorglich und großzügig.

Beschütze, ermutige und führe. Vergiss nie, was du anderen und dir selbst schenken kannst. Lediglich geboren zu werden, ist nicht genug.

Öffne deine Augen und schau dich um, jeder Mensch ist einzigartig – so wie du. Du bist wie eine wundervolle einzigartige Schneeflocke.

Du kommst aus dem Himmel als einzigartiger Ausdruck des Lebens. Wenn du auf der Erde angekommen bist, verbindest du dich mit anderen, die wie du einzigartig sind. Und nur zusammen ergibt sich ein wundervolles schönes größeres Bild.
Später dann verändert sich deine Form, du verschmilzt zu einer Einheit und du fließt leicht und ohne Anstrengung im Strom des Einsseins mit. Aber irgendwann scheinst du dich aufzulösen. Du veränderst deine Form und wirst unsichtbar.

Du steigst wieder zum Himmel auf, aus dem du gekommen bist, um dann den Kreislauf in einer neuen einzigartigen Form zu beginnen. Es ist ein vollkommener Kreis. Du und das Leben, ihr seid das Gleiche.

Du bist das Leben in deiner Einzigartigkeit in Gemeinschaft mit anderen Einzigartigkeiten. Hier und jetzt ist eine neue Chance, deiner Einzigartigkeit Ausdruck zu verschaffen.

Du kannst tun und lassen, was du willst. Aber denke daran, dass du nicht nur diese Sekunde, diese Minute und diese Stunde erschaffst. Sondern du bestimmst mit dem, was du hier und jetzt tust, auch dein ganzes späteres Leben und du nimmst ebenso Anteil am Gesamtgeschehen. Denke immer daran!

Deine Gedanken, deine Worte und deine Taten sind deine Erschaffungswerkzeuge. Mit einer klaren Absicht kannst du positive Ereignisse in deinem Leben erzielen.

Wenn du weißt, was wirklich wichtig ist,
wenn du weißt, was du wirklich willst,
wenn du weißt, wer und was du wirklich bist,
offenbart sich für dich ein selbstbestimmtes,
freies und glückliches Leben.

Kannst du es fühlen?
Spürst du deine innere Wahrheit?
Was du jetzt tief in dir spürst, ist dein
wahres SEIN.

Wenn du akzeptierst, dass alle Angebote des Lebens nur dazu da sind, damit du dich entfalten kannst, dann wirst du das, was dir begegnet, anders betrachten und anders mit Leben füllen. Dann siehst du die Herausforderungen des Lebens nicht mehr als Ärgernis, sondern als wertvollen Hinweis, der dir Vorschläge unterbreitet, wie du etwas machen oder unterlassen könntest.

Es regt dich an, etwas auszuprobieren und dich dadurch weiterzuentwickeln. Auf diese Weise wirst du unentwegt aufgefordert, deinen persönlichen kreativen Prozess zum Besten voranzutreiben. Dieser Prozess beginnt immer mit der Selbstwahrnehmung.

Folge deinem Seelenruf nach Verwirklichung deines wahren Selbst. Das ist das Geschenk des Lebens. Lediglich geboren zu werden ist nicht genug. Zeige dein Licht, denn es ist einzigartig und wertvoll.

Heilung geschieht durch Selbstliebe.

Ich erlebte eine besondere Erfahrung, die meine Sicht auf das Leben und den Tod verändert hat und beidem eine spirituelle Bedeutung verliehen hat.
Ein Jeder kann mit seinen Gedanken und mit seinem Glauben Einfluss auf sein Leben und sein Sterben nehmen.
Es geht nicht darum, was im Leben geschehen ist oder gerade geschieht, sondern wie man damit umgeht.
Das Leben und der Tod sind zwei Seiten einer Medaille.
Wir alle haben die Wahl, es leichter zu nehmen. Sich die Zeit zu geben, sich mit dem Sterben auseinanderzusetzen, kann sehr befreiend und erleichternd für das Leben sein.

IMPRESSUM

© 2017 Karen Heitmann
Text, Konzeption: Karen Heitmann
Fotos: Jens Heitmann
Umschlaggestaltung und Satz: Kirsten Hammer
Erscheinungsjahr: 2017

Verlag: tredition GmbH, Hamburg

ISBN
Paperback: 978-3-7345-7198-5
Hardcover: 978-3-7345-7199-2
e-Book: 978-3-7345-7200-5

Das Werk, einschließlich seiner Teile, ist urheberrechtlich geschützt. Jede Verwertung ist ohne Zustimmung des Verlages und des Autors unzulässig. Dies gilt insbesondere für die elektronische oder sonstige Vervielfältigung, Übersetzung, Verbreitung und öffentliche Zugänglichmachung.

BIBLIOGRAFIE
weiterführende Literatur

Eben Alexander: Vermessung der Ewigkeit.
7 fundamentale Erkenntnisse über das Leben nach dem Tod (2015)

Marie de Hennezel und Jean-Yves Leloup:
Die Kunst des Sterbens. Der Tod und wie wir mit ihm
umgehen können (2002)

Neale Donald Walsch: Gespräche mit Gott (2009)

Neale Donald Walsch: Was wirklich wichtig ist.
Neue Gespräche mit der Menschheit (2013)

Demnächst erscheint ein Buch über Pauls Leben, geschrieben von
seiner Mutter Ines Schmidt.

Leben-kann-leichter-gehen.de

Mit dieser Website möchte ich eine Plattform erschaffen, die Menschen verbindet.
Wer sich bewusst mit dem Leben, aber auch mit dem Sterben auseinandersetzen will oder einfach eigene Erfahrungen mit anderen teilen möchte, ist herzlich eingeladen.

Karen Heitmann, April 2017

Was wirst du finden?

- Weiterführende Links
- Interessante Berichte
- Netzwerkinformationen
- Buchempfehlungen

für Körper, Geist und Seele